BEI GRIN MACHT SICH IHR
WISSEN BEZAHLT

- Wir veröffentlichen Ihre Hausarbeit,
  Bachelor- und Masterarbeit

- Ihr eigenes eBook und Buch -
  weltweit in allen wichtigen Shops

- Verdienen Sie an jedem Verkauf

Jetzt bei www.GRIN.com hochladen
und kostenlos publizieren

Bibliografische Information der Deutschen Nationalbibliothek:

Die Deutsche Bibliothek verzeichnet diese Publikation in der Deutschen National-
bibliografie; detaillierte bibliografische Daten sind im Internet über http://dnb.d-
nb.de/ abrufbar.

Impressum:

Copyright © 2001 GRIN Verlag, Open Publishing GmbH
Druck und Bindung: Books on Demand GmbH, Norderstedt Germany
ISBN: 9783638639620

Isabel Ebber

Zum Hooliganismus in der BRD

GRIN Verlag

GRIN - Your knowledge has value

Der GRIN Verlag publiziert seit 1998 wissenschaftliche Arbeiten von Studenten, Hochschullehrern und anderen Akademikern als eBook und gedrucktes Buch. Die Verlagswebsite www.grin.com ist die ideale Plattform zur Veröffentlichung von Hausarbeiten, Abschlussarbeiten, wissenschaftlichen Aufsätzen, Dissertationen und Fachbüchern.

Zum Hooliganismus in der BRD

von

Isabel Ebber

Universität GH Essen
Sommersemester 2001
Fachbereich 1- Politikwissenschaft
Veranstaltung: Hauptstufenseminar
            Politischer Extremismus in der Bundesrepublik Deutschland
Kategorie   : Hausarbeit
Bewertung   : sehr gut

Zum Hooliganismus in der BRD.

Isabel Ebber

Inhaltsverzeichnis

Leitfaden

Der Hooliganismus ist ein gesellschaftliches Phänomen, das viele Fragen aufwirft. Einige Fragen erhalten im Rahmen dieser Hausarbeit Relevanz. Das Ziel der Hausarbeit ist erreicht, wenn der Leser das Resümee ziehen kann, einen problemorientierten Einblick in das Bezugsfeld der Hooligans in Deutschland erhalten zu haben. Gefragt wird in dieser Arbeit insbesondere nach den Charakteristika eines Hooligans, dem Zusammenhang von Gewalt und Fremdenfeindlichkeit, Fußball und weiteren gesellschaftlichen Bedingungen, den Formen von Fanarbeit und der Niederschlagung des Gendarmen Daniel Nivel auf der WM '98 in Lens mit Blick auf die Folgewirkungen dieses Ereignisses.

Die Arbeit stützt sich oftmals auf Beobachtungen und Forderungen von Sozialarbeitern oder Sozialpädagogen, die als Fanbetreuer mit der Szene betraut und vertraut sind, und aus einem pädagogischen Blickwinkel Hypothesen, Prognosen und insbesondere auch Kritik und Vorschläge aussprechen. Die Heranziehung diverser Zeitungsartikel aus vielgelesenen, populären Zeitungen dient nicht nur der Nachrichtenpräsentation, sondern auch der Präsentation der Darstellung von Hooligans in den deutschen Medien, und damit der Beeinflussung des Meinungsbildes in der Bevölkerung. Ergänzend zeigt diese Arbeit die Perspektive von staatlicher Seite.

Durch die Polarisierung verschiedener Einstellungen, beruflicher Aufträge und diesbezüglich ausgerichteter Handlungen, wird auf Konflikte zwischen den Personen- und Institutionenkreisen, die sich mit dem Hooliganismus befassen, aufmerksam gemacht. Besonderes Augenmerk wird auch auf die Konflikte gelegt, die dem Hooligan die Motivation geben, Gewalt in der Gruppe auszuüben.

Zum Hooligan

Der Begriff „Rowdy" dient als Übersetzung für die englische Vokabel „Hooligan". Damit wird allgemein der jugendliche Fußball-Gewalttäter tituliert.

Der Rechtsanwalt Axel Nagler, Strafverteidiger des Angeklagten Tobias Reifschläger im Daniel-Nivel-Prozeß, definiert einen Hooligan im möglichen Ursachenzusammenhang folgendermaßen:

> *„Ein Hooligan ist ein durch gesellschaftlich bedingte defizitäre Umstände, insbesondere aber sein im Alltagsleben nicht ausagierbares Aggressions- und Gewaltpotential beeinflusster Fußballfan, der die Brutalität dieses Sports und des damit verbundenen Geschäfts und die durch die Identifikation mit seinem Verein hervorgerufenen chauvinistischen Empfindungen im Zusammenspiel mit anderen, gleichgesinnten Fans in unreflektierte, aber organisierte Gewalt umsetzt.* "[1]

---

[1] Scheidle, Jürgen: Interview mit Axel Nagler und Wolfgang Weckmüller. In:Buderus, Andreas/Dembowski, Gerd/Scheidle, Jürgen (Hg.): Das zerbrochene Fenster. Hools und Nazi-Skins zwischen Gewalt, Repression, Konsumterror und Sozialfeuerwehr. Bonn 2001. S. 64.

Von führender Relevanz für das hier niedergeschriebene Verständnis vom Begriff „Hooligan" sind das Vorhandensein und die Auswirkungen von weit divergierenden Rollen, die das Individuum in Abhängigkeit vom sozialen Umfeld einnimmt. Die Rollenunterschiede sind im wesentlichen gekennzeichnet durch das Ausleben bzw. Nichtausleben von Aggressions- und Gewaltpotential in Abhängigkeit vom Sein des Hooligans in dem identifikationsreichen Fußballumfeld bzw. vom Sein des Hooligans im identifikationsarmen Alltagsleben. Die Identifikationsarmut mit der Rolle des Hooligans im Alltag zeigt sich in einem „Aggressions- und Gewaltpotenzial", für das der Alltag keinen Raum zum Ausleben bietet. Der Sportsoziologe Gunter Pilz beschreibt den Fußballsport als ein Ventil für die unterdrückten „wesentliche[n] Triebfedern menschlichen Verhaltens"[2].

Und genau diese Funktion, die der Fußballsport für den Hooligan einnimmt, trennt ihn von anderen Fußballfans, von Begeisterten für den Sport und für einen bestimmten Verein. „Die Hooligans sind oft in informellen Gruppen oder Cliquen, selten in mit Fan-Clubs vergleichbaren, formellen Organisationsformen zusammengeschlossen. Typisch ist eine eher hierarchische Gruppenstruktur, in der sich Führercliquen, meist älterer und erfahrener Hooligans, herausgebildet haben, die den ‚Wertekatalog' vorgeben (Kraft, Mut, Härte, Durchsetzungsvermögen).[3]

Das Verhältnis der Hooligans zu den Medien ist nicht nur durch Medienberichterstattungen von Seiten der Journalisten bestimmt, wie Polizeirat Andreas Piastowski, Leiter der Zentralen Informationsstelle Sporteinsätze, beschreibt, sondern auch durch die Eigennutzung des Internets als Verabredungsforum, als Präsentationsforum, und als Mittel zur Irreleitung von Medien und Polizei durch gezielte Falschmeldungen.[4]

Männliche Sexualität nimmt nach Beobachtungen von Fanprojekt-Arbeit eine hohe Position ein. Sie äußert sich in „sexuell motivierte Gesänge und Rufe", die entweder in häufig diskriminierender Form Mädchen und Frauen ansprechen, oder Homophobie erkennen lassen.[5] Charakteristisch für die deutschen Hooligans ist ihre zivile Kleidung mit dem Ziel, für die Polizei als Hooligans nicht identifizierbar zu sein. Die Kleidung ist sehr modebewusst.[6]

Bei den Hooligans verfolgte die Mode den Zweck, sich von der sogenannten Kuttenkultur und ihrem Image als „Asoziale", abzugrenzen. Die Abspaltung der gewaltbereiten und gewaltsuchenden Fans aus dem Kreis der fußballzentrierten Fans und ihres Kuttenoutfits, entwickelte sich seit Anfang der 80er Jahre. In Anlehnung an englische, gewalttätige Gruppen im Fußballumfeld bezeichneten sie sich als „Hooligans". Dieser Begriff geht zurück auf eine irische Straßenräuberfamilie des 19. Jahrhunderts in London.[7] Klaus Farin, freier Journalist und Autor des Buches „Die dritte Halbzeit", stellt, basierend auf Interviews mit Hooligans, einen Bezug zu den „pathologischen Alltagsstrukturen", „der sinnlosen Autorität des Alltags", und der Personenkonstellation der Hooliganszene, her.

[2] Pilz, Gunter A.: Noch mehr Gewalt im Stadion? In: Horak, Roman u.a. (Hg.): Ein Spiel dauert länger als 90 Minuten. Hamburg 1988. S. 219.
[3] Buderus, Andreas: Abpfiff für Anstoß – Über die Un-Möglichkeit parteilicher Jugendsozialarbeit in der Zange zwischen Merchandising und Innerer Sicherheit. In: Buderus, Andreas/Dembowski, Gerd/Scheidle, Jürgen (Hg.): Das zerbrochene Fenster. Hools und Nazi-Skins zwischen Gewalt, Repression,   Konsumterror und Sozialfeuerwehr. Bonn 2001. S. 181.
[4] vgl. http://www.welt.de/daten/2000/05/25/0525sp170071.htx
[5] vgl. Dembowski, Gerd: Zum Fußball als Männersache-Plädoyer für die bewusste Entdeckung der Männlichkeit in jugendlichen Fanszenen. In: Das zerbrochene Fenster. S. 37.
[6] vgl dazu: Interview mit Martin, 25, Schlosser: War `ne reine Outfitsache. In: Farin, Klaus/Hauswald, Harald: Die dritte Halbzeit. Fußballfans und Hooligans. Berlin 1993. S. 53-60.
[7] vgl. Dembowski, Gerd: Zum Fußball als Männersache-Plädoyer für die bewusste Entdeckung der Männlichkeit in jugendlichen Fanszenen. In: Das zerbrochene Fenster. S. 37.

In der Hooliganszene begegnet man „[...] allen sozialen Schichten und Berufszweigen, sogar Polizisten, Rechtsanwälten, Chirurgen. Hooligans sind weder Aussteiger noch Ausgegrenzte. Sie sind, im Gegenteil, nicht selten äußerst ehrgeizig, ökonomisch denkend, Leistungsträger dieser Gesellschaft.[8] Der Fanbetreuer Jürgen Scheidle spricht aus langjähriger Erfahrung, wenn er berichtet, „[...] dass der größte Teil der Hooligans aus unvollständigen Familien stammt. [...] Die Väter wurden ihrer Vorbildfunktion im Sinne einer positiven männlichen Rollenidentifikation nicht gerecht [...]"[9] Thomas Schneider, Leiter der Koordinationsstelle Fanprojekte bei der Deutschen Sportjugend (KOS), thematisiert in seinem Buch Fußballrandale, den Hooligan aus dem Osten.

Danach unterscheiden sich Ost- und Westhooligans kurz nach der Wende optisch durch die Kleidung. Der optische Angleichungsprozess vollzieht sich schnell und hebt Grenzen auf. Was Ost und Westhooligan voneinander trennt, sind ökonomische Unterschiede. Thomas Schneider berichtet aus der Position eines unmittelbaren Beobachters über den hohen Grad an kämpferischer Disziplin und strategischer Gewalt, und zieht als Erklärung die ostdeutsche Sozialisation heran.[10]

Gewalt ist immer in Kontextabhängigkeit zu betrachten, wenn man sich ihr nähern möchte. In diesem Sinne soll nun

(3.)
Der Zusammenhang von Gewalt, Fremdenfeindlichkeit, gesellschaftlich bedingten defizitären Umständen und der Rolle des Fußballsports

differenziert betrachtet werden, wobei zunächst

(3.1.)
Der Zusammenhang von Gewalt, gesellschaftlich bedingten defizitären Umständen und der Rolle des Fußballsports

thematisiert wird.

Der Konfliktforscher Wilhelm Heitmeyer, Professor an der pädagogischen Fakultät in Bielefeld, deutet Gewalt als „[...] ein Mittel, um in die Gesellschaft hineinzukommen, indem die Jugendlichen die gesellschaftlichen Durchsetzungspostulate radikalisieren."[11] Dass, was gesellschaftliche „Anerkennung" schafft, nämlich „aggressives Durchsetzungsstreben", wird als Norm übernommen und in überhöhter Form imitiert.[12] Aber der Gewaltausübende wird, da die Qualität und Quantität seiner Gewalt außerhalb des legitimen Rahmen fällt, gesellschaftlich desintegriert.

„[...] Mit zu den Ursachen einer um sich greifenden Desintegration"[13] gehört folglich nach Heitmeyer die gesellschaftliche Legitimation von aggressiven Handlungsmustern. Somit fördert paradoxerweise der Wunsch nach gesellschaftlicher Integration durch radikalisierte Nachahmung gesellschaftlich anerkannter Handlungsmuster, die gesellschaftliche Desintegration. Dieses Modell von Heitmeyer auf das Phänomen „Hooliganismus" übertragen, würde bedeuten, dass der Fußballsport mit seinen

---

[8] Farin, Klaus/Hauswald, Harald: Die dritte Halbzeit. Fußballfans und Hooligans. Berlin 1993. S. 13.
[9] Scheidle, Jürgen: Streetwork mit Hooligans nach Lens - Aspekte einer persönlichen Reflexion. In: Das zerbrochene Fenster. S. 57.
[10] Gehrmann, Jayin T/Schneider, Thomas: Fußballrandale. Hooligans in Deutschland. 3. erweiterte Neuauflage. Essen 1998. S. 251.
[11] http://www.brandenburg.de/land/mi/polizei//info110/5_96/heitmeye.htm
[12] ebd.
[13] ebd.

aggressiven Männlichkeitsbestrebungen nach chauvinistischer und patriotischer Manier als Anlehnung an analoge gesellschaftliche Verhältnisse ein gewünschtes Integrationsfeld darstellt, und damit gruppendynamischen Nachahmungsbestrebungen erliegt. Gleichzeitig stellt die Hooligangruppe selbst eine „Integrationsplattform" dar, weil sich die Mitglieder der Gruppe im wechselseitigen Prozess Anerkennung für ihr aggressives Verhalten liefern. Für Heitmeyer ist der Mangel an Anerkennung der „Schlüssel zum Verständnis jugendlicher Gewalt"[14]. „Individuelle Leistungen" der Individuen innerhalb eines Raumes, in der „rechtliche Gleichheit und moralische Gleichheit" gegeben ist, liefern im sozialen Prozess durch wechselseitige Achtung der „individuellen Leistungen" die Anerkennung, die emotionalen Ausgleich schafft. Hier sind Integrationsbestrebungen erkennbar, die für Heitmeyer einen Indikator für die Konfliktfähigkeit einer Gesellschaft implizieren.

Aber in einer Gesellschaft, in der man nur mühsam mit „aggressivem Durchsetzungsstreben" Anerkennung erlangen kann, in der „Anerkennung bewusst verknappt" wird mit der Zielsetzung, diese Verknappung fungiere als hungriger Antrieb für die Fortschrittsdynamik, ist diese Konfliktfähigkeit nicht gegeben. Denn hier avanciert wegen des Mangels an Anerkennung die überhöhte Stärkedemonstration zum Mittel der Anerkennungserheischung. [15]

Der Hooligan nutzt das Fußballumfeld als Präsentationsraum für seine Demonstration von Stärke, auf welche die Polizei mit Gewalt antwortet. Die Folge ist die Kriminalisierung und die damit einhergehende Desintegration des Hooligans. Zugang zu Arbeit, Teilhabe an öffentlichen Debatten und Einbettung in soziale Zugehörigkeiten bezeichnet Heitmeyer als „objektive Ebene" von Integration. Die „subjektive Ebene" von Integration bezieht sich auf die Interpretation der „objektiven Ebene" durch die Individuen, darauf abzielend, dass sie sich ausreichend beachtet, geachtet und anerkannt fühlen.[16]

Nach Heitmeyer ist das Herausfallen aus diesen „objektiven und subjektiven Facetten der Integration" auch ein Indikator für Fremdenfeindlichkeit in der Gesellschaft. Dadurch erfolgt eine Bezugsetzung zwischen den Ursachen von Gewalt und den Ursachen von Fremdenfeindlichkeit, die unter Punkt

(3.2.)
Der Zusammenhang von Fremdenfeindlichkeit, gesellschaftlich bedingten defizitären Umständen, und der Rolle des Fußballsports

näher erörtert werden sollen.

Die Zusammenhangssetzung zwischen Desintegration und Fremdenfeindlichkeit ist ein Verweis auf den „deprivationstheoretischen Ansatz [...] zur Erklärung von Ethnitisierung und Fremdenfeindlichkeit in der Mehrheit"[17]. Ist die „subjektive Ebene" durch eine „relative Deprivation", das heißt, durch einen „subjektiv empfundene[n] Grad von Benachteiligung" gekennzeichnet, festgesetzt nach einem „Vergleichsprozeß mit anderen sozialen Gruppen und der

[14] http://www.brandenburg.de/land/mi/polizei//info110/5_96/heitmeye.htm
[15] vgl http://www.zeit.de/2000/35/Politik/200035_wilhelm.html
[16] vgl ebd.
[17] Anhut, Reimund/Heitmeyer, Wilhelm: Desintegration, Konflikt und Ethnitisierung. Eine Problemanalyse und theoretische Rahmenkonzeption. In: Anhut, Reimund/Heitmeyer, Wilhelm (Hg.): Bedrohte Stadtgesellschaft. Soziale Desintegrationsprozesse und ethnisch-kulturelle Konfliktkonstellationen. Weinheim und München 2000. S. 32.

Konstatierung dieser Benachteiligung als unrechtmäßig"[18], so verstärkt sich die „Neigung, soziale Probleme zu ethnitisieren, anderen die Schuld zuzuschreiben".[19] Drei Bedingungen sind nach Heitmeyer ausschlaggebend für die Erkennung eines Zusammenhangs zwischen Fremdenfeindlichkeit und relativer Deprivation. Reale Konkurrenzsituationen um Arbeit, Wohnraum, Sozialhilfe, Sprache und Geltung, die Option, das Selbstbild trotz sozialer Probleme positiv zu besetzen, und die Kompensation des Anerkennungsmangels von Menschen, die sich als „Verlierer der Leistungsgesellschaft" sehen, mit Hilfe einer Aufwertung von Merkmalen wie Geschlecht und ethnische Herkunft.[20]

Laut Bundesregierung gibt es, gestützt auf Zahlen der Polizei und des Verfassungsschutzes, Anno 1998 von 2. 245 in der Datei „Gewalttäter Sport" [Kategorie C] erfassten Personen 123 Personen, die auch als Rechtsextremisten bekannt seien. Dies entspricht einem Anteil von 5, 5 Prozent. Des weiteren gebe es keine Hinweise auf „[...] Hooligan-Gruppierungen, [...] in denen die rechtsextremistische Ideologie die Gruppierung und ihre Aktivitäten prägt [...]".[21] Sollte man jetzt „Entwarnung" rufen? Die Antwort lautet „Nein", denn fremdenfeindliches Potential rekrutiert sich aus Teilen der Mehrheitsgesellschaft, wie der Sportsoziologe Gunter Pilz von der Universität in Hannover, ausführt. Zum einen seien hier die Personen zu finden, die um knappe Güter mit Ausländern konkurrieren, zum anderen seien die sogenannten „Modernisierungsverlierer" innerhalb der Mehrheitsgesellschaft anzusiedeln.[22] In den neuen Bundesländern rekrutiert sich fremdenfeindliches Potential vermehrt aus den sogenannten „Modernisierungsverlierern", während sich in den alten Bundesländern eher das Bildungsbürgertum, also Realschüler und Gymnasiasten, junge Menschen in angesehenen Berufen, von fremdenfeindlicher Gesinnung angezogen fühlen. Entsprechend werden laut Pilz beim Herausstülpen von Formen des Rassismus bewusst illegale Ausprägungen ausgesiebt.[23]

Dies impliziert eine Erschwerung der Ahndung von Taten für Rechts und kann als eine Ursache für die niedrigen Zahlen in Erwägung gezogen werden.

Wilhelm Heitmeyer macht ebenso wie der Gunter Pilz auf die Tendenzen der Hoffähigkeit des Rechtsextremismus in der deutschen Politik aufmerksam. Diese verbale Gewalt würden Hooligans und andere Extremisten radikalisieren.[24] Des weiteren kann das Phänomen der Hoffähigkeit rechten Gedankenguts zur Stabilisierung eines Legitimitätsgefühls rechter Akteure beitragen. Gunter Pilz erkennt zwischen dem Anstieg von Rechtsextremismus in Deutschland laut einer Untersuchung von Forsa vom Juni 1998 und der Entwicklung von rechtsextremistischen Tendenzen in der Hooligan und allgemein Fanszene strenge Parallelen, wobei er sich auf Beobachtungen der Sozialarbeiter der Fußball-Fan-Projekte stützt. Pilz weist darauf hin, dass insbesondere Fußballgroßereignisse genutzt würden, um rechtsextremen Einstellungen Ausdruck zu verleihen. Schals sowie Visitenkarten in den Farben der Reichskriegsflagge mit ausländerfeindlichen, nationalistischen Parolen würden verkauft

---

[18] ebd. S. 33.
[19] http://www.zeit.de/2000/35/Politik/200035_wilhelm.html
[20] vgl. Anhut, Reimund/Heitmeyer, Wilhelm: Desintegration, Konflikt und Ethnitisierung. Eine Problemanalyse und theoretische Rahmenkonzeption. In: Bedrohte Stadtgesellschaft. S. 34.
[21] http://www.bundestag.de/aktuell/hib/2000/0018404.html
[22] vgl. Anhut, Reimund/Heitmeyer, Wilhelm: Desintegration, Konflikt und Ethnitisierung. Eine Problemanalyse und theoretische Rahmenkonzeption. In: Bedrohte Stadtgesellschaft. S. 33.
[23] vgl. http://erz.uni-hannover.de/ifsw/daten/lit/pil_dev.pdf
[24] vgl http://www.zeit.de/2000/35/Politik/200035_wilhelm.html
vgl. http://erz.uni-hannover.de/ifsw/daten/lit/pil_dev.pdf

und getragen, Gesänge, dem „Deutschtum" frönend, würden gesungen, Rufe wie „Hier marschiert der deutsche Widerstand", und der offen gezeigte Hitlergruß würden zum „Alltagsrepertoire" innerhalb der Fanszene gehören.[25] Michael Gabriel von der Koordinationsstelle Fan-Projekte (KOS) weist auf den geschützten Raum hin, der im deutschen Zuschauerumfeld für rechtsgerichtete Personen gegeben ist: „Sie haben das Gefühl, dass sie dort aussprechen können, was sie sonst nicht sagen dürfen und was ganz viele andere denken."[26] Im Wahlkampf zur Bundestagswahl 1998 verbreiteten die NPD und die Republikaner „[...] ihre Propaganda vor dem Berliner Olympiastadion, dem Sitz von Hertha BSC."[27] Dies ist ein Beispiel für die Nutzung des Fußballumfeldes durch Parteien und/oder Organisationen zur Rekrutierung rechten Potentials.

Welche Folgerungen hinsichtlich des Handelns gegen Rechts müssen aus dem Vorangegangenen gezogen werden? Eine Schlussfolgerung ist, dass der Fußball als Integrationsplattform für die Rechtsrichtung nicht mehr gelten darf. Die Konsequenz daraus kann eine Ummodellierung des Fußballsports in der Art sein, dass sich rechtsgesinnte Menschen im Fußballraum nicht mehr anerkannt und akzeptiert fühlen.

Zwei Beispiele sollen zur Veranschaulichung von Gesten und Taten gegen Rechts herangezogen werden:

Am 05/06/2001 titelt „Die Welt": „Mit Schuhcreme gegen rassistische Fußballfans", und visualisiert mit einem Photo, wie die Spieler des italienischen Fußball-Zweitligisten Treviso mit schwarz gefärbten Gesichtern „Farbe gegen den Rassismus" bekennen. Anlass war die Verhöhnung des nigerianischen Fußballspielers Akeen Omolade durch die Zuschauer mit Affengeschrei. Trevisos Kapitän Lorenzo Minotti begründet die Aktion folgendermaßen: „Wenn wir das tatenlos hingenommen hätten, wären wir zu Komplizen der Rassisten geworden."[28]

Am 20/09/1999 werden zwei Berliner Hooligans zu Haftstrafen von jeweils 4 800 bzw. 8 500 DM verurteilt, da sie bei einem Länderspiel in Polen während der Deutschen Nationalhymne den Hitlergruß zeigten. Laut der Berliner Zeitung erhofften sich die Anklagevertreter „[...] von dem Urteil Abschreckung und Signalwirkung [...]".[29]

Michael Gabriel von der KOS fordert, dass „die Spieler, die Trainer, die Funktionäre [...] sich der öffentlichen Diskussion stellen [sollen], [...] [indem sie] Zeichen setzten: Sich für bessere Behandlung von Ausländern einsetzen, Flüchtlingsheime besuchen, mit den Fans direkt über Rechtsextremismus diskutieren. Das würde weit über Lippenbekenntnisse hinausgehen."[30]

Die Umsetzung dieser Forderung nach Aktivität von Seiten der „Macher" des Fußballsports[31] könnte der wachsenden Entfremdung zwischen Fußballfan und Fußballprofi entgegenwirken, und dadurch integrativ, anerkennungsfördernd und damit gewalthemmend wirken.

Welche Organisationsnetze sind nun bereits errichtet, um gegen Gewalt und Rechtsradikalismus im Fußballumfeld vorzugehen? Die zielgruppenorientierte

[25] vgl. ebd. und vgl. auch als Beispiel für rechtes Gedankengut : T-shirts für die EM 2000, zu betrachten unter http://www.acab.de
[26] http://www.abendblatt.de/contents/ha/news/sport/html/170800/2517RECK2.HTM
[27] http://www.parlament_berlin.de/wgr/andere/hools.html
[28] vgl. Die Welt am 05/06/2001. Mit Schuhcreme gegen rassistische Fußballfans. S. 7.
[29] http://www.dir-info.de/nachrichten/infolinks/99/09/990921245bae97.htm
[30] http://www.abendblatt.de/contents/ha/news/sport/html/170800/2517RECK2.HTM
[31] vgl. Beispiele für Aktionen von Fans/Vereinen gegen Rassismus unter :
http://www.stadionwelt.de/Fussball_Fans/Fanszene/fanszene.html

(4.)
Fanarbeit

aus sozialpädagogischer und polizeilicher Sicht soll diesbezüglich zunächst thematisiert werden.

Am 26/11/1993 konstituiert sich der „Nationale Ausschuss Sport und Sicherheit" (NKSS), dem folgende Institutionen angehören:

Deutscher Fußballbund; Deutscher Sportbund/Deutsche Sportjugend/Koordinierungsstelle Fan-Projekte; Deutscher Städtetag; Innenministerkonferenz; Sportministerkonferenz; Jugendministerkonferenz; Bundesministerium des Innern; Bundesministerium für Familie, Senioren, Frauen und Jugend; Argebau. Die Geschäftsführung liegt in den Händen von NRW.

Der Ausschuss hat eine Vertreterposition des „Nationalen Konzepts Sport und Sicherheit" inne, das durch Beschlüsse der Innenministerkonferenz vom Mai 1991 und Mai 1993 erstellt wurde, da es Handlungsbedarf in folgenden Bereichen erkannte: Fanbetreuung im Rahmen von Sozialarbeit, Stadionordnung, Stadionverbote, Ordnerdienste und Stadionsicherheit.

Dieser Aufgabenkatalog richtet sich an die zuständigen Stellen, die durch Konstituierung des „Nationalen Ausschuss Sport und Sicherheit" ein Netzwerk zur Zusammenarbeit errichten sollen.[32]

Das „Nationale Konzept Sport und Sicherheit" wird als „[...] ein breiter politischer Konsens [...]", entgegengesetzt zu den „[....] zahlreichen Ausschreitungen jugendlicher und jungerwachsener Fußballfans [...]"[33], verstanden. Gemäß des Ausschusses sollen Fan-Projekte in allen Städten mit Fußballvereinen der 1. Bundesliga eingerichtet werden. Wenn in Städten mit Vereinen anderer Ligen gewaltsuchende oder gewaltgeneigte Fußballfans auffällig werden, empfiehlt der Ausschuss auch dort die Einrichtung von Fan-Projekten. Die Finanzierung der Fan-Projekte erfolgt nach dem „Drittel-Finanzierungsmodell". Dieses besagt, dass die jährlichen Haushaltskosten eines Fan-Projekts von ca. 300 000 DM „zu gleichen Teilen von der jeweiligen Kommune, dem Bundesland und dem örtlichen Lizenzverein aufgebracht werden sollen." Das Finanzierungsmodell gilt zunächst bis Anno 2002.[34]

Fan-Projekte sollen nach dem NKSS präventiv schon im Vorfeld von Sportveranstaltungen im Zusammenspiel von Polizei, Justiz, und Jugendämtern aktiv sein, insbesondere dann, wenn gewaltbereite Hooligans und rechtsextreme Unterwanderungen der Fanszene das Problemfeld darstellen.[35] Das Zentralorgan der Fan-Projekte, stellt die Koordinationsstelle Fan-Projekte (KOS) bei der Deutschen Sportjugend (DSJ) in Frankfurt, errichtet im August 1993, finanziert zu einem Drittel durch den DFB und zu zwei Dritteln vom Bundesministerium für Familie, Senioren, Frauen und Jugend (BMFSF), dar. Die KOS soll gemäß dem NKSS folgenden Aufgabenbereich abdecken: Koordinierung des Informationsnetzwerkes zwischen den einzelnen Fan-Projekten und mit dem Ausland, Anfertigung von Konzepten für die Sozialarbeit und Curricula für die Aus- und Fortbildung von Fan-Projekt-Mitarbeitern, Präsenz und Mitwirkung bei der NKSS, bei nationalen und internationalen Tagungen, Gremien und Institutionen auf regionaler Ebene, Zusammenarbeit mit dem

---

[32] vgl. http://www.brandenburg.de/land/mbjs/sport/53smk-19.htm
[33] http://www.dsj.de
[34] ebd.
[35] vgl. http://www.brandenburg.de/land/mbjs/sport/53smk-19.htm

DFB. Zur Bewältigung des Aufgabenkatalogs sind drei Mitarbeiter/innen eingesetzt. Geschäftsstelle der KOS ist im Haus des deutschen Sports in Frankfurt. [36]

Die KOS resümiert in ihrem Sachbericht 2000 den Erfolg der Arbeit der Fan-Projekte und die Etablierung dieses Jugendhilfeansatzes anhand der steigenden Zahlen der Fan-Projekte in Deutschland. Die Zahl stieg von anfänglich zwölf Fan-Projekten im Jahre 1993, von denen einige in den 80er-Jahren entstanden, auf ca. 30 im Jahre 1999, an. Gleichzeitig weist die KOS auf Probleme hin, die sich aus dem Finanzierungsmodell der Fan-Projekte ergeben. So sei der Weiterbestand von Fan-Projekten an den Erfolg der jeweiligen Fußballmannschaft gekoppelt. Die Zusage des DFB, die Finanzierung auf den Bereich der mit der Saison 2000/2001 zweiten Regionalliga auszudehnen, beuge Existenzgefährdungen einiger Projekte vor. [37] Finanzierungsdefizite der Projekte seien nach Feststellung der KOS insbesondere erkennbar im Mangel an Personal. Die Vorgabe des NKSS, für jedes Projekt „[...] 3 pädagogische und 1 verwaltungstechnische Vollzeitstelle (in Erstligastandorten) [...]"[38] einzusetzen, werde nicht erfüllt.

Die unzureichende Finanzierung stellt somit nicht nur eine Existenzgefahr für einige Fan-Projekte dar, sondern auch die Gefahr, wegen des Personalmangels keine effektive Fanarbeit leisten zu können. Die Befristung des Finanzierungsmodells berge nach Ansicht der KOS die Gefahr, „[...] dass sich nach erfolgter ‚Symptomkurierung' ein Rückfall in alte Krisenlagen wiederholt."[39]

Welche Ziele bestimmt der Ausschusses der NKSS hinsichtlich der Arbeit der Fanprojekte?

Die Leistung von Gewaltprävention, Gewalteindämmung auch durch Hinführung zu Konfliktlösungsstrategien, der Abbau delinquenter und extremistischer Verhaltensweisen und Orientierungen, die Arbeit an Näheverhältnissen zwischen Fußballfan und Fußballverein,[40] sind Ziele, welche die Fan-Projekte im sozialpädagogischen Kontext erreichen sollen.

Aus Zielsetzungen resultieren Aufgaben, wie sie der Sportsoziologe Gunter Pilz formuliert. Die „Teilnahme an der Lebenswelt der Fußballanhänger" erfordert zum Beispiel die „Begleitung zu Heim- und Auswärtsspielen" und „Besuche an Treffpunkten". Der Aufbau von Beziehungen erfolgt durch die „Schaffung von Freizeitangeboten" wie zum Beispiel „Sporttreffs", „Arbeitslosentreffs", „Diskussionsveranstaltungen" oder „Fanzeitungs-Workshops". [41]

Die Freizeitangebote können verstärkt der Reflexion über Gewaltverhalten und extremistisches Gesinnungs- und Handlungspotential und dem Suchen nach Erklärungen für dieses Verhalten, dienen. NRW Innenminister Behrens weist am 18/01/2000 auf den Erfolg der Fanprojekte hin.

Als „[...] ein Indiz dafür, dass es gelungen ist, den Zulauf zu gewaltbereiten Gruppen zu verringern", sieht Behrens den auf 50 Prozent in der Saison 1997/98 gesunkenen Anteil der bis zur Saison 1995/96 von polizeilichen Maßnahmen Betroffenen im Alter von 18 bis 25 Jahren, die zwei Drittel der Betroffenen ausmachten.[42] „Es war ein wesentliches Ziel der Fanprojekte, ein Abgleiten

[36] vgl. http://www.dsj.de
[37] vgl. KOS (Hg.): Fan-Projekte 2000. Zum Stand der sozialen Arbeit mit Fußball-Fans. Sachbericht zum Stand der sozialen Arbeit mit Fußball-Fans. Sachbericht zum Stand der Arbeit (1993-1999). Frankfurt am Main 1999. S. 3.
[38] ebd. S. 3.
[39] ebd. S. 41 - 42.
[40] Buderus, Andreas: Abpfiff für Anstoß – Über die Un-Möglichkeit parteilicher Jugendsozialarbeit in der Zange zwischen Merchandising und Innerer Sicherheit. In: Das zerbrochene Fenster. S. 184.
[41] http://www.erz.uni-hannover.de/ifsw/daten/lit/pil_fan.pdf
[42] vgl. http://www.im.nrw.de/pm2000/news_35.8.htm

Jugendlicher in das Umfeld von Gewalttätern zu verhindern. Das ist uns ganz offensichtlich gelungen."[43]

Mit der Hinwendung zum Thema Fanarbeit von Seiten der Polizei fällt der Blick auf die sogenannten „szenekundigen Beamte", deren Benennung für Städte der 1. und zweiten Bundesliga auf der Innenministerkonferenz im Mai 1990 aufgrund der zunehmenden Gewalttätigkeiten, beschlossen wurde.[44] „Die Aufgaben der szenekundigen Beamten umfassen neben der Erkenntnissammlung über die Fanszene, auch die Teilnahme an Fußballeinsätzen [...] Ferner beinhaltet die Tätigkeit auch die Sachbearbeitung anlassbezogener Strafermittlungsvorgänge und eine enge Zusammenarbeit mit dem Verein, dem Ordnungsdienst, den Fanprojekten, dem Bundesgrenzschutz und der Justiz."[45]

Zu der Spannung eines Beziehungsnetzes zu allen Elementen, die den Hooligan berühren, gehört auch die Kontaktaufnahme zur Hooliganszene, beispielsweise durch die Teilnahme an Diskussionsveranstaltungen.[46]

Der wesentliche Unterschied zwischen Fanbetreuern von Fanprojekten und szenekundigen Beamten ist im Arbeitsauftrag manifestiert. Der szenekundige Beamte verfolgt als Polizist einen Strafauftrag. Er versteht sich als Ordnungshüter. Dieses Selbstverständnis impliziert, dass der Hooligan als die Ordnung Störender als „Problem" erkannt, und durch die polizeiliche Gegenwehrmaßnahmen als „Problem" behandelt wird. Der Fanbetreuer in seiner Rolle als Sozialarbeiter oder Sozialpädagoge handelt aus einem pädagogischen Blickwinkel. Sein Arbeitsauftrag äußert sich in Handlungen, die auf die „Probleme" des Hooligans ausgerichtet sind.

Einen eklatanten Einschnitt für die Fanarbeit mit Hooligans bedeuten die Ereignisse auf der WM `98. Auftakt für dieses Themenpaket stellt nun

(5.)
Der Hooligan-Prozess

dar, welcher auf ein brutales Ereignis aus der Hooliganszene kommend, rückzuführen ist.

Am 21. Juni 1998 wird in der französischen Stadt Lens, dem Austragungsort der WM, der französische Gendarm Daniel Nivel von deutschen Hooligans in Folge von Unruhen zwischen Hooligans und der französischen Polizei, niedergeschlagen.

Es ist der Tag, an dem das Spiel Deutschland gegen Jugoslawien unentschieden zu Ende geht.

Es ist der Tag, an dem der Gendarm Daniel Nivel in ein Koma fällt, dass er aufgrund von schweren Kopfverletzungen mit dauerhaften Sprach- und Verständnisschwierigkeiten und Gehbehinderungen nach sechs Wochen verlässt.

Es ist der Tag, der für Andre Zawacki [27], Frank Renger [30], Tobias Reifschläger [24], Christopher Rauch [23] und Markus Warnecke [27] eine Position als Angeklagte in einem Prozess bereitet, der unter der Anklage des „versuchten Mordes" steht.

Es ist der Tag, der als „Hooligan-Schande von Lens" in das Archiv der BILD-Zeitung eingehen wird[47], der den DFB-Präsidenten Egidius Braun sagen lässt, diese Hooligans seien „[...]

---

[43] ebd.
[44] vgl. http://www.polizei.nrw.de/bochum/bo/suche/oben.htm
[45] http://www.polizei.nrw.de/bochum/bo/suche/oben.htm
[46] vgl. ebd.

Schwerverbrecher, die mit den härtesten Mitteln bekämpft werden müssen [...]"[48], der den damaligen Bundesinnenminister Kanther zu der Feststellung treibt, dass bei „[...] manchen Typen keine ‚Resozialisierung' [helfe] – hier [müsse] schnell und knallhart bestraft werden!"[49]

Mit dem Prozessauftakt am 30/04/1999 müssen sich die vier Hooligans Andre Zawacki, Frank Renger, Tobias Reifschläger und Christopher Rauch vor dem Essener Landgericht verantworten. „Die Staatsanwaltschaft wirft den 23. bis 32. Jahre alten Männern vor, [...] aus niederen Beweggründen [gehandelt], versuchten Mord, schwere Körperverletzung und schweren Landfriedensbruch begangen zu haben."[50] Beweismittel in diesem Prozeß sind Photos von dem Tathergang, geschossen von den Zeugen Walter Sauer [18] und Raimund Emrich [24]. Andre Zawacki ist Mechaniker aus Gelsenkirchen und der Schalker-Hooliganszene zuzuordnen. Frank Renger, verheiratet aus Gelsenkirchen, arbeitete in einer Molkerei. Auch er ist der Schalker-Hooliganszene zuzuordnen. Tobias Reifschläger von den Hamburger-Ultras hat die Lehre zum Einzelhandelskaufmann abgebrochen, finanzierte sich mit Gelegenheitsjobs und Waffenhandel. Christopher Rauch ist gelernter Elektriker aus Berlin-Erkner und gilt als FC-Berlin-Hooligan. Seinem Vater gehört eine Firma für Schweißtechnik.[51]

Am 09/11/1999 verkündet das Essener Landgericht sein Urteil. Der Richter Rudolf Esders sagt in seiner Urteilsbegründung: „Die Angeklagten sind keine Monster, sondern nur Menschen, die sich wie Monster verhalten haben. [...] Die Forderung nach einem Exempel ist zurückzuweisen."[52] Andre Zawacki wird wegen versuchten Mordes zu zehn Jahren Haft verurteilt. Die Begründung des Richters lautet: „Ein Überfall auf ein verletzt am Boden liegendes Opfer steht sittlich auf der niedrigsten Stufe."[53] Frank Renger und Tobias Reifschläger werden zu „fünf beziehungsweise sechs Jahren Haft verurteilt [...]. [Sie] hatten gleich zu Prozessauftakt Fußtritte [...] eingeräumt."[54] „Christopher Rauch [...] wurde mit dreieinhalb Jahren Haft bestraft. Nach Überzeugung der Kammer hatte er [...] lediglich mit dem Teil eines Holzschildes in Richtung des Polizisten geworfen."[55]

Am 10/08/2000 ist das Urteil im Fall Nivel rechtskräftig, nachdem der vierte Strafsenat des Bundesgerichtshofs die Revisionen gegen das Urteil von Andre Zawacki und Tobias Reifschläger als unbegründet verworfen hat.[56]

Am 09/05/2001 beginnt im nordfranzösischen Saint-Omer der Prozess gegen den ehemaligen 30-jährigen Inhaber eines Tätowierungsgeschäfts und Sohn eines Ingenieurs Markus Warnecke aus Hannover, der noch am Tag der Tat von der französischen Polizei mit zwei Promille Alkohol im Blut festgenommen wurde, seitdem im Loos bei Lille in Untersuchungshaft sitzt, und jede vorsätzliche Beteiligung an dem Überfall bestreitet.[57] Warnecke wird „vorsätzliche, bewaffnete Gewalt gegen einen Polizeibeamten im Amt mit der Folge einer lebenslangen gesundheitlichen Behinderung"[58]

[47] http://www.bild.de/service/specials/1998/hooligan/inhalt.html
[48] http://www.bild.de/service/archiv/1998/jun/23/sport/wm23/wm23.html
[49] http://www.bild.de/service/archiv/1998/jun/24/aktuell/kanth24/kanth24.html
[50] http://www.mdr.de/brisant/themen/index_thema855.html
[51] http://www.freierschreiber.de/nhproben29.htm
[52] http://www.tagesschau.de/archiv/1999/11/09/aktuell/meldungen/nivel.html
[53] http://np1.niedersachsen.com/NP/POLI/story25514.html
[54] http://np1.niedersachsen.com/NP/POLI/story25514.html
[55] http://np1.niedersachsen.com/NP/POLI/story25514.html
[56] http://www.courthouse.de/Prssmtlg00/PMBGH2000/PMBGH59-00.htm
[57] http://www.berlinonline.de/sport/.html/dpa_bdt-090501-202-dpa_587392.html
[58] http://www.sueddeutsche.de/ausland/weltspiegel/10948

vorgeworfen. Entlastet wird die Anklage durch Markus Warneckes fehlende Präsenz auf den Photos, geschossen von den Zeugen Walter Sauer [18] und Raimund Emrich [24] und ihre entlastenden Zeugenaussagen. Gestützt wird die Anklage durch Zeugenaussagen von Gendarmen, die erklären, „Warnecke habe den am Boden liegenden Nivel getreten. Ein Junge will gesehen haben, wie er mit einer Plakattafel zuschlug."[59] Ärzte erklären, es sei „[...] unmöglich zu sagen, welche Schläge oder Tritte die schweren Behinderungen des Polizisten verursacht hätten. Das einzige, was Markus Warnecke einwandfrei durch ein Amateurvideo nachgewiesen werden kann, ist der Wurf eines Stuhles in Richtung einer Polizistengruppe.[60] Warnecke selbst sagt aus, „er sei in betrunkenem Zustand mit einem Holzschild ‚zum eigenen Schutz' vor eine Polizeikette gelaufen und mit einem Polizisten zusammengeprallt, den er nicht genau gesehen habe."[61] Am 22/05/2001 verurteilt das Schwurgericht Markus Warnecke zu fünf Jahren Haft. „Der Verteidiger Warneckes hatte dafür plädiert, dem Hooligan ‚nicht die gesamte Last dieser hochemotionalen Angelegenheit aufzubürden' und auch kein Exempel zu statuieren. Das Schwurgericht sei wohl diesem Argument gefolgt, meinten Prozessbeobachter."[62]

Die Ereignisse von Lens machen eine nähere Betrachtung der Bedingungen für die Hooligan-Szene in Lens erforderlich, um eine

(6.)
__Bewertung der Ereignisse von Lens__

in zweischneidiger Perspektive vornehmen zu können.

Der Sportsoziologe Gunter Pilz fordert zu einer differenzierten Betrachtung von Lens auf. Gemäß Pilz war das Vorgehen der Täter für die Hooligan-Szene untypisch. Hooligans planen im Normalfall die Prügelei mit anderen Hooligans nach dem Ehrenkodex, auf am Boden liegende nicht einzuschlagen. Die Eskalation von Gewalt ist nach Pilz abhängig vom Vorgehen der Polizei. Die konkrete Austragung von Gewalt sei in der Hooligan-Szene nicht geplant. Man würde sich zum Spiel treffen und per Funktelephon mit verfeindeten Hooligans, wenn auf beiden Seiten genug Leute da seien.[63] Dass Hooligans gewissen Regeln und Ehrenkodexen folgen, wird auch vom Frankfurter Fanbetreuer Michael Gabriel bekräftigt[64], sowie von Hooligans selbst immer wieder betont.[65]

Folglich müssen die Bedingungen in Lens unterstützend auf eine Gewalteskalation gewirkt haben.

So fehlen am 21/06/1998 den ca. 600 deutschen Hooligans die jugoslawischen Hooligans als Prügelpartner. Wenn der gegnerische Part fehlt, avanciert der Pulk von Polizeibeamten zum Ersatz. „Nach dem Spiel beginnen am Nachmittag Scharmützel mit der Polizei, ein Kameramann wird zusammengeschlagen, Flaschen und Stühle fliegen. (...) Etwa 30 Hools treffen in einer Seitengasse unerwartet auf drei Polizisten. Minuten später liegt Gendarm Daniel Nivel am Boden (...)."[66]

[59] http://www.spiegel.de/panorama/0,1518,133001,00.html
[60] http://www.berlinonline.de/sport/.html/dpa_bdt-090501-202-dpa_587392.html
[61] http://www.berlinonline.de/suche/.bin/mark.cgi/aktuelles/aktueller ticker/vermischtes/.html
[62] http://www.berlinonline.de/sport/.html/dpa bdt-230501-311-dpa 630882.html
[63] Gunter Pilz zitiert in : vgl. http://www.freierschreiber.de/nhproben29.htm
[64] vgl. http://www.jungle-world.com/_2000/28/04a.htm
[65] vgl. dazu auch das publizierte Interview mit einem Hooligan : http://www.bild.de/service/archiv/1998/jun/24/aktuell/hool24/hool24.html
[66] http://www.freierschreiber.de/nhproben29.htm

Thomas Schneider von der KOS, vor Ort mit der „mobilen Fan-Botschaft", schreibt in einem Erlebnisbericht über den Anstieg von Fanfrustrationen im Zusammenhang mit potenziellen Auslösern, was unterstützend für Gunter Pilz Hypothesen herangezogen werden kann. So berichtet er, dass die Atmosphäre hoch gespannt gewesen sei, weil wegen reduzierter Eintrittskartenausgabe, überhöhter Preise und schlecht organisierter Leinwandaktionen von Seiten des DFB, das WM-Spiel von den Fans vor den Fernsehern in französischen Kneipen verfolgt werden musste. Auf dem heiß umworbenen Schwarzmarkt hätten die Kosten für eine Karte bis zu 1000 DM betragen. Die Vielzahl der Fans sei hoch betrunken und hoch aggressiv gewesen. Ihr Ausschluss vom Spiel sowie frustrierende Misserfolge auf dem Schwarzmarkt hätten für die Fanbetreuer offensichtlich erkennbar, als Verstärker für das aggressive Verhalten der Hooligans, gedient. Die Spezialeinheit der französischen Polizei, die CRS sowie Trupps französischer Polizisten hätten durch Drohaufmärsche das Aufkommen von Straßenschlachten vermieden. Dem Erlebnisbericht ist auch zu entnehmen, dass die Zusammenarbeit zwischen deutschen Fan-Betreuern, dem DFB sowie französischer Polizei höchst unkoordiniert und unorganisiert vonstatten ging.[67] Zu kritisieren ist auch die Alleingangpolitik der ZIS, welche zum Beispiel die enge Zusammenarbeit mit dem hanseatischen Landeskriminalamt verneinte, indem sie das Angebot, szenekundige und daher einflussreichere Polizeibeamte aus Hamburg zur Überwachung der Hamburger Hooliganszene in Lens zu stationieren, ablehnte und nur Fanbetreuer aus eigenen Reihen positionierte.[68]

Zum Ende des Erlebnisberichtes resümiert Thomas Schneider: „Wer an diesem Tag in Lens war, kann das medienbestimmte Bild nicht nachvollziehen. Es gab keine Straßenschlachten. Zu keiner Zeit kam es zur Bildung einer geschlossenen Hooligan-Gruppe (...). Die permanente Bedrohung, (...)fand vorrangig im Inneren, im Bauch oder im Kopf statt."[69]

Die Ereignisse von Lens werden insbesondere von der BILD-Zeitung thematisiert. Von Bedeutung ist hier besonders die Frage, wie 614 gewaltbereite Hooligans anreisen konnten, obwohl ähnliche Zahlen der Polizei-Meldestelle in Düsseldorf vorlagen und nur sechs Fan-Beauftragte der Polizei nach Lens abgeordnet wurden.[70] Den diesbezüglichen Vorwurf des DFB verteidigt der damalige Bundesinnenminister Kanther in einem BILD - Interview mit der Unmöglichkeit der Durchführung, auf einer Autoreisewelle mitschwimmende, augenscheinlich unauffällige Hooligans „herauszufischen".[71] Deutschlands Bild in der Welt und insbesondere in Frankreich besitzt nun, forciert durch Medienberichterstattung, wieder stärker die gedankliche Verknüpfung mit der Farbe des Faschismus und der Sprache der Gewalt. Diesem Bild entgegenzuwirken, ist aufgrund der Geschichte Deutschlands, Verpflichtung der Repräsentanten deutscher Politik.

So geben unter anderem die Ereignisse von Lens Anlass für eine Diskussion am 02/07/1998, gehalten von den innenpolitischen Sprecherinnen und Sprecher der Fraktionen und der Gruppe im „Blickpunkt Bundestag" um die Frage „Brauchen wir neue Konzepte gegen die Kriminalität?". Erwin Marschewski von der CDU/CSU plädiert dort für eine „null Toleranz" Politik, wobei er begründend

[67] Schneider, Thomas : Die Ereignisse in Lens. In: Gehrmann, T. Jayin/Schneider, Thomas: Fußballrandale. Hooligans in Deutschland. 3. erweiterte Auflage. Essen 1998. S. 232 - S. 250.
[68] vgl. http://www.abendblatt.de/contents/ha/news/lokales/html/240698/00924AUF3.HTM
[69] Schneider, Thomas : Die Ereignisse in Lens. In: Gehrmann, T. Jayin/Schneider, Thomas: Fußballrandale. Hooligans in Deutschland. 3. erweiterte Auflage. Essen 1998. S. 250.
[70] vgl. http://www.bild.de/service/archiv/1998/jun/23/sport/wm23/wm23.html
[71] vgl. http://www.bild.de/service/archiv/1998/jun/24/aktuell/kanth24/kanth24.html

auf beängstigende steigende Kriminalitätszahlen verweist.[72] Hier spielt die CDU auf einen amerikanischen Politikbegriff, aus der Taufe gehoben von William Bill Bratton, Polizeichef von New York, an. Als Fundament des „Zero Tolerance" Begriffes dient dem Polizeichef die „Theorie des zerbrochenen Fensters" von Wilson und Kelling. „Verfolgt wurden nicht mehr die Delikte, sondern bereits ‚präventiv' diejenigen, von denen davon ausgegangen wurde, dass sie tendenziell jene sein könnten, die straffällig werden könnten [...]."[73] Tendenzen dieser Politik sollen im folgenden mit Blick auf

(7.)
Die Folgen von Lens - insbesondere bezogen auf die EM 2000

herausgearbeitet werden, wobei zunächst ein Bezug zu der

(7.1.)
Änderung des Pass- und Personalausweisrechtes

hergestellt wird.

Am 02/03/2000 überweist die Bundesregierung den Gesetzentwurf zur Änderung des Pass- und Personalausweisrechtes[74]. Mit dieser Änderung soll überwiegend „[...] eine Bekämpfung des Rowdytums bei internationalen Sportveranstaltungen [durch eine Ausdehnung der] Strafbewehrung auf verbotswidrige Ausreisen [...]"[75] erzielt werden, da sich „die bisherigen passrechtlichen Regelungen zur Passbeschränkung [...] als nicht ausreichend erwiesen [haben], um die Ausreise von potenziellen Straftätern zu verhindern."[76] Am 23/03/2000 beschließt der Bundestag auf Empfehlung des Innenausschusses [14/2993] einen entsprechenden Gesetzesentwurf der Bundesregierung [14/2726]. Am 07/04/2000 erfolgt der Beschluss des Bundesrates. Am 11/05/2000 tritt die Gesetzesänderung in Kraft.[77]

Auch strafbar macht sich nun gemäß § 24 Abs. 1 Nr. 1 Pass G , wer als Deutscher über eine Auslandsgrenze trotz einer gegen ihn ergangenen vollziehbaren Anordnung nach § 7 Abs. 2 Pass G [betrifft die Passbeschränkung = zeitlich befristeter Entzug], ausreist. Bisher galt ein solcher Verstoß als Ordnungswidrigkeit. Bis dato wurden nur Zuwiderhandlungen gegen Passversagungen [=zeitlich unbefristeter Entzug] mit Strafe bedroht. Nun kann nach § 24 Abs. 1 Pass G sowohl für Zuwiderhandlungen gegen Passbeschränkungen als auch gegen Passversagungen eine Freiheitsstrafe bis zu einem Jahr verhängt werden. Ziel des Änderungsgesetzes ist somit die Erzeugung einer „abschreckenden Wirkung" und damit die Erhöhung der Einhaltung von Ausreiseverboten. [78]

„Die Änderungen des Passgesetzes sind Teil eines umfassenderen Sicherheitskonzepts zur Fußball-Europameisterschaft [...]. Dazu [gehört] auch die Begleitung von Fußballfans durch szenekundige Beamte, Zugkontrollen, Kontrollstellen auf den voraussichtlichen Ausreisewegen sowie die

---

[72] vgl. http://www.bundestag.de/aktuell/bp/1998/bp9802/9802081.html
[73] Buderus, Andreas/Dembowski, Gerd/Scheidle, Jürgen (Hg.): Das zerbrochene Fenster. Hools und Nazi-Skins zwischen Gewalt, Repression, Konsumterror und Sozialfeuerwehr. Bonn 2001. S. 7- S. 8.
[74] Der Gesetzentwurf 14/2726 [in der Fassung vom 18/02/2000] ist abrufbar unter : http://dip.bundestag.de/btd/14/027/1402726.pdf
[75] http://dip.bundestag.de/btd/14/027/1402726.pdf
[76] http://dip.bundestag.de/btd/14/027/1402726.pdf
[77] vgl. http://dip.bundestag.de/extrakt/14/019/14019312.htm
[78] http://jurcom5.juris.de/bundesrecht/pa_g_1986/gesamt.pdf; vgl. auch den Gesetzentwurf, Punkt A. Zielsetzung, unter http://dip.bundestag.de/btd/14/027/1402726.pdf

Zusammenarbeit der Polizeibehörden der beteiligten Länder. An dem Konzept haben neben dem Innenministerium der Bundesgrenzschutz, das Bundeskriminalamt, die Zentrale Informationsstelle für Sporteinsätze und die Generalstaatsanwaltschaft Düsseldorf mitgearbeitet."[79] In gemeinsamer öffentlicher Sitzung der Beteiligten am 12/04/2000 des Sicherheitskonzeptes wird festgehalten, das „[...] es etwa 7.000 gewaltbereite oder gewaltsuchende Personen [gibt], die das ‚Hooliganpotenzial in Deutschland' ausmachen. Rund 4.000 davon können zu den sogenannten gewaltbereiten Personen gerechnet werden, während 2. 600 Personen als gewaltsuchende Hooligans polizeibekannt seien."[80] Von den 7. 000 Hooligans im Umfeld des Profifußballs „[...] befinden sich ca. 2.700 in Nordrhein-Westfalen mit einer deutlichen Konzentration im Rhein-Ruhr-Gebiet. Von den bundesweit ca. 4. 400 Hooligans der sogenannten Kategorie B, die bei Gelegenheit gewaltgeneigt sind, kommen ca. 1. 600 aus NRW. Weitere 2. 600 gewaltsuchende Hooligans zählen bundesweit zur Kategorie C, davon 1. 100 aus NRW."[81] Rückgeführt werden diese Zahlen auf Sammlungen der ZIS, der „Zentralen Informationsstelle Sporteinsätze", die nun unter Punkt

(7.2.)
Zur Funktion der ZIS und der Datei „Gewalttäter Sport"

näher beleuchtet wird.

Die ZIS im Dezernat 43 des Landeskriminalamtes Nordrhein-Westfalen, ist auf Beschluss der ständigen Konferenz der Innenminister der Länder Anno 1991 mit dem Ziel gegründet worden, „Gewalttätigkeiten insbesondere bei Fußballspielen zu vermeiden. [...] Kernbereich [...] [der Aufgaben der ZIS] ist die Sammlung, Bewertung und Steuerung anlassbezogener Informationen aus dem In- und Ausland."[82] „Alle Landeskriminalämter und Polizeidienststellen arbeiten der ZIS dabei zu. Beamte, die in den Stadien offen auftreten, sind die wichtigste Informationsquelle für die ZIS. [..] [Die Angaben über als Hooligans definierte] bleiben zwei Jahre lang im Computer gespeichert. In die Datenbank werden sowohl Täter aufgenommen, die bereits bei Fußballspielen straffällig geworden sind als auch Personen, die nach dem Urteil der Szeneermittler zum harten Kern der Hooligans gerechnet werden."[83]

Die ZIS unterteilt das Fanpotential in die drei Kategorien A (nicht gewalttätig), B (gelegentlich gewaltbereit, insbesondere im Zusammenhang mit Alkoholgenuss) und C (gewaltbereit/gewalttätig).

Die Datei „Gewalttäter Sport" integrierte zunächst die Personen der Kategorie C. Für die EM 2000 erweiterte die ZIS die Datei „im Namen der Sicherheit" um die Kategorie B und erhöhte damit das Gefahrenpotential auf ca. 8000 Personen.[84] Hier kann man eine Orientierung an die Theorie des zerbrochenen Fensters feststellen.

In dieser Datei sind die Zielpersonen des „Maßnahmenpakets" der Sicherheitsbehörden „zur Verhinderung der Anreise von Hooligans zu den Spielorten der EURO 2000" zu finden. Hier finden sich Angaben über Personen, denen nach § 7Abs. 1 Satz 1 Pass G der Pass versagt werden kann, weil

[79] http://www.welt.de/daten/2000/01/27/0127de149018.htx
[80] http://www.bundestag.de/aktuell/bp/2000/bp0004/0004026a.html
[81] http://www.nrw.de/aktuell/reden/mskr20000606_1.htm
[82] http://www.lka.nrw.de/aktuell/zis.htm
[83] http://www.ig.cs.tu-berlin.de/~dsb/prima/0698/24.htm
[84] vgl. Dembowski, Gerd: Knüppel statt Kultur, Kommerz statt Karten – Von der repressiven Duftmarke einer Fußball-Europameisterschaft. In: Das zerbrochene Fenster. S. 71.

sie „erhebliche Belange der Bundesrepublik Deutschland" gefährden.[85] Der Rechtsanwalt Dr. jur Karsten Fehn macht über einen Artikel, erschienen in der Zeitschrift „Polizei und Wissenschaft" darauf aufmerksam, dass „adäquat zu der hohen Stellung des Grundrechts auf Ausreisefreiheit [...] für eine Ausreiseuntersagung nicht die pauschale Begründung [reiche], der Betroffene sei in die Datei ‚Gewalttäter Sport' eingetragen. Vielmehr ist eine genaue Betrachtung der Eintragungen und eine Abwägung im Einzelfall erforderlich. In der Regel müssen zu der Eintragung weitere Anhaltspunkte dafür hinzutreten, dass von dem Betroffenen eine aktuelle Gefahr für erhebliche Belange der Bundesrepublik Deutschland ausgeht."[86] Konkret bedeutet dies, dass der Betroffene „[...] innerhalb der letzten zwölf Monate im Zusammenhang mit Gewalttaten oder als Teilnehmer an gewalttätigen Ausschreitungen aufgefallen sein"[87] muss.

Zu den Maßnahmen der Sicherheitsbehörden hinsichtlich der unter die Datei gefassten Personen zählen insbesondere:

„Hausbesuche bei bekannten Gewalttätern, um sie vor der Ausreise zu warnen,

Meldepflicht bei der örtlichen Polizei,

Maßnahmen nach dem Pass- und Personalausweisgesetz, z. B. Ausreiseverbote [...]

Freiheitsentziehende Maßnahmen, z. B. Polizeigewahrsam."[88] Am 16/02/2000 versichern sich die Innenminister der Länder Belgien, den Niederlanden und Deutschland in einem Fachgespräch unter dem Vorsitz von Dr. Fritz Behrens in der Position als Vorsitzender der Innenministerkonferenz, eine „[...] enge und effektive Zusammenarbeit zur Verhinderung von Gewalt [...]"[89] Gleichzeitig wird betont, dass die ZIS eine Analyse erstellt, die „[...] bis zum Ende der Europameisterschaft ständig aktualisiert wird."[90]

Das Freundschaftsspiel zwischen den Niederlanden und Deutschland fungiert nach der Zusammenkunft vom 16/02/2000 als

(7.3.)
Eine Präventionsprüfung für die EM 2000

Wegen des Ausbleibens auffälliger, gewalttätiger Auseinandersetzungen für die EM-Präventionsmaßnahmen, wertet NRW-Innenminister Dr. Fritz Behrens das Spiel zwischen Deutschland und der Niederlande in Amsterdam am 23/02/2000 als einen „ersten erfolgreichen Test".[91] Allein in NRW wurden „36 Meldeauflagen erteilt, 41 Maßnahmen nach dem derzeit aktuellen Pass- und Personalausweisrecht getroffen, eine Ingewahrsamnahme angeordnet und 514 Gefährdeansprachen durchgeführt. Der Bundesgrenzschutz hat bei Kontrollmaßnahmen [...] gegenüber 18 Personen, die der gewaltsuchenden Szene zuzuordnen sind, die Ausreise untersagt."[92] Am 27/02/2000 demonstrieren „Hooligans in Sorge um die Bürgerrechte" gegen die voraussichtliche Änderung des Passgesetzes in Berlin. Mit Transparenten, die Aufschriften „Für Reisefreiheit" oder

[85] vgl. http://jurcom5.juris.de/bundesrecht/pa_g_1986/gesamt.pdf
[86] http://www.dr-fehn-net.de/Ausreiseuntersagung.htm
[87] http://dip.bundestag.de/btd/14/027/1402726.pdf
[88] http://www.nrw.de/aktuell/reden/mskr20000606_1.htm
[89] http://www.nrw.de/aktuell/reden/mskr20000225b.htm
[90] ebd.
[91] ebd.
[92] ebd.

„Gegen Meldeauflagen" aufgedruckt, demonstrieren nach Angaben der Polizei 350 gewaltbereite Hooligans friedlich in Begleitung von 250 Polizeibeamten mit Schlagstöcken und Schutzhelmen, wobei sie den Fall Nivel als „Ausrutscher" bezeichnen.[93]

Diese polizeiliche Bewachungskapazität findet vergleichsweise Parallelen, wenn man Ausschnitte

(7.4.)
Zur Situation deutscher Hooligans und EM-Besucher
während der Fußballeuropameisterschaft vom 10/06/2000 bis zum 02/07/2000

betrachtet.

Am 06/06/2000 erklärt der IMK- Vorsitzende und NRW-Innenminister Dr. Fritz Behrens auf einer Pressekonferenz, dass sich allein 40 Personen in NRW während der EM regelmäßig bei der Polizei melden müssen. Nach dem neuen Pass- und Personalausweisgesetz wurden 60 Ausreiseverbote verhängt. Insgesamt wurden in NRW 954 Hooligans der Kategorie C zu Hause aufgesucht und vor der Beteiligung an Krawallen gewarnt.

Am selben Tag teilt der Bundesgrenzschutz in Kleve auf einer Pressekonferenz mit, dass an den Grenzen zu den Niederlanden und Belgien ca. 1500 Beamte zum Einsatz kämen, um Hooligans abzufangen.[94] In Brandenburg gibt es im Vorfeld der EM 74 Gefährdersprachen, 23 Meldeauflagen und zusätzlich 13 passbeschränkende Maßnahmen.[95] In Berlin müssen 19 von 330 Kategorie- C - Hooligans zu Hause bleiben.[96] In Hamburg bekommen 12 Hooligans, die als „führende Köpfe" bekannt seien, Meldeauflagen und werden bei Verstößen mit bis zu 1000 DM Bußgeld pro Tag bedroht[97].Insgesamt 158 mutmaßliche Hooligans werden bei Grenzkontrollen an der Ausreise gehindert. Wenn man bedenkt, dass 1000 Grenzschützer insgesamt 266 000 Personenkontrollen durchführten, so ist das „eine recht fragwürdige Bilanz. Insbesondere, wenn man den Preis für den Steuerzahler bedenkt."[98] Ebenfalls fragwürdig wirkt die Bilanz bei Betrachtung der Zahlen, bezogen auf die Meldeauflagen und die passbeschränkenden Maßnahmen. An dieser Stelle auf den psychologischen Effekt der Sicherheitsmaßnahmen hinzuweisen, ist notwendig, damit die doch geringen Zahlen die Wirkung der Maßnahmen nicht scheinbar abschwächen. Die Strafandrohungen, der direkte drohende und obendrein peinliche Kontakt zwischen Polizei und Hooligan bei einer Gefahrenansprache, die mediale Thematisierung der strengen Sicherheitsvorkehrungen und der rigorosen Vorgehensweise der Polizei auf der EM, muss etliche Hooligans davon abgehalten haben, die EM zu besuchen, da deutsche Personen auf der EM nicht in besonderem Maße als Unruhestifter hervortraten.[99]

In dem Buch „Das zerbrochene Fenster" berichtet der Fanbetreuer Jürgen Scheidle mit Stützung auf einige Fanberichte von Aktenführungen hinsichtlich der Datei „Gewalttäter Sport" entgegen den gesetzlichen Bestimmungen. Fußballfans, die, obschon sie in keiner Form straffällig auffällig

---

[93] vgl. http://www.dir-info.de/nachrichten/infolinks/00/03/000327ee815c31.htm
[94] vgl. http://www. sena.de/Sena-Archiv/juni_00/juni0_1/juni0_2/juni0_3/juni0_4/body_juni0_6_4.html
[95] vgl. http://www.brandenburg.de/land/mi/presse/pm00/pm00089.htm
[96] vgl. http://www.dir-info.de/nachrichten/infolinks/00/05/000531f26f19ef.htm
[97] vgl. http://www.welt.de/daten/2000/06/07/0607h1172500.htx
[98] Gabriel, Michael zitiert nach: Dembowski, Gerd: Knüppel statt Kultur, Kommerz statt Karten – Von der repressiven Duftmarke einer Fußball-Europameisterschaft. In: Das zerbrochene Fenster. S. 71.
[99] vgl. http://www.jungle-world.com/_2000/28/04a.htm und vgl. http://www.chaostage.de/b2000/news/artikel/20000621_170641_nocomtron/indexophp4

gewesen seien, würden im Bundesgrenzschutz als Gewalttäter geführt und erlagen dementsprechend Ausreiseuntersagungen, oder bekamen vor Ort ein Stadionverbot ausgesprochen.[100] Dieser Umgang ist gekennzeichnet durch die „Theorie des zerbrochenen Fensters", der auch das zitierte Buch in seiner Analyse hinsichtlich des Umgangs mit deutschen Hooligans von Seiten deutscher Politik, folgt.

Die EM selbst glich einem „Europatreffen der Polizei". 35 000 Polizisten in Belgien mit neuer Spezialausrüstung und 45 000 Polizisten in den Niederlanden, durch einige deutsche Beamte unterstützt, sollten für Ordnung auf der EM sorgen.[101] Michael Gabriel von der KOS berichtet, dass „[...] alle Fans, die deutschen wie die englischen [in Charleroi beobachtet], völlig undifferenziert als potenzielle Störenfriede behandelt [wurden]."[102] Im belgischen Austragungsort Charleroi wurde für das Spiel England gegen Frankreich die Gendarmeriekaserne zu einem Gefängnis für Hooligans mit einem Platzvolumen für 1000 Hooligans umgebaut. So sprach der Bürgermeister der Stadt Charleroi Jaques van Gompel: „Unsere Strategie wird [...] auf unmittelbare Repression [basieren]: null Toleranz für jeden Ruhestörer."[103] Am 18/06/01, dem Tag nach dem Spiel zwischen Deutschland und England, meldet die dpa 1000 Festnahmen. 450 „Störenfriede" sind von britischer Nationalität. Beginn des „Gewaltwochenendes" sollen am 17/06/2000 Auseinandersetzungen in Brüssel zwischen Briten und Belgiern nordafrikanischer Abstammung gewesen sein. In Charleroi gab es laut dpa Auseinandersetzungen zwischen deutschen und britischen Fans auf dem Rathausplatz, welche die Polizei mit Wasserwerfern und berittenen Einsatzkräften bekämpfte. In den frühen Morgenstunden des 18/06/2000 kam es laut dpa im Brüsseler historischen Börsenviertel zu vorerst letzten Ausschreitungen britischer Randalierer. „Bis zum Morgen wurden außerdem etwa 200 Hooligans mit belgischen Militärflugzeugen und unter Polizeibewachung nach England abgeschoben."[104]

Michael Gabriel beurteilt diese Vorkommnisse folgendermaßen: „Wir [KOS] vermuten, dass die meisten dieser Fans sich nichts zu Schulden haben kommen lassen [...]. In einem Fall hat die Polizei eine Tränengasgranate in eine vollbesetzte Brüsseler Kneipe geschossen und danach alle, die sich ins Freie flüchteten, festgenommen und ausgeflogen."[105] Diese Hypothese wird unterstützt durch die Tatsache, dass sich unter den 450 festgenommenen englischen Fans „[...] nur 15 befanden, die zuvor im Zusammenhang mit Fußball negativ aufgefallen waren."[106]

Die Medien reagieren mit Entsetzen auf die Hooligan-Vorkommnisse in Charleroi. So schreibt zum Beispiel das Massenblatt „News of the World": Der Abschaum. Wir schämen uns für unsere besoffene Horde". Das Exekutivkomitee der UEFA kommt am 18/06/2000 zu dem Schluss, für die Ausschreitungen seien zum größten Teil britische Randalierer verantwortlich.[107] Der Weltfußballbund Fifa stuft nach den Hooligan-Ereignissen auf der EM Deutschland bezüglich der Chancen um die Ausrichtung der WM 2006 höher als England ein mit der Begründung, dass die deutschen Sicherheitsvorkehrungen die besseren gewesen seien.[108]

[100] vgl. Scheidle, Jürgen: Sozialarbeit zwischen Jugendgewalt und Repression. In: Das zerbrochene Fenster. S. 27.
[101] vgl. Dembowski, Gerd: Knüppel statt Kultur, Kommerz statt Karten – Von der repressiven Duftmarke einer Fußball-Europameisterschaft. In: Das zerbrochene Fenster. Seite 72-73.
[102] http://www.jungle-world.com/_2000/28/04a.htm
[103] http://www.zdf.de/events/sport/em-quali/36281/index.html
[104] http://www.sena.de/Sena-Archiv/juni_00/juni0_1/juni0_2/juni0_3/juni0_4/body_juni0_18-8.html
[104] vgl. http://www.brandenburg.de/land/mi/presse/pm00/pm00089.htm
[105] http://www.jungle-world.com/_2000/28/04a.htm
[106] ebd.
[107] vgl. http://www.sena.de/Sena-Archiv/juni_00/juni0_1/juni0_2/juni0_3/juni0_4/body_juni0_18-8.html
[108] vgl. http://www.jungle-world.com/_2000/28/04a.htm

An dieser Stelle sei nur die Möglichkeit angedacht, dass Hooligans und harmlose Fußballfans hier für Instrumentalisierungszwecke gebraucht wurden. Zum einen allgemein gebraucht, um ein gutes, kraftvoll-pragmatisches Deutschlandbild durch die vielfältigen Sicherheitsvorkehrungen gegen Hooligans zu stärken, zum anderen speziell gebraucht, um England als Konkurrenten hinsichtlich der WM-Bewerbung auszuspielen.

Der wirkliche Wille, das Phänomen „Hooliganismus" an der Wurzel zu fassen, ist in der deutschen Politik im Zusammenspiel von Regierung und den Fußballverbänden nicht zu finden.

Diese Hypothese soll im Kontext von

(8.)
Betrachtungs- und Behandlungsperspektiven des Hooliganismus im Vergleich mit Blick auf diesbezügliche Auswirkungen

untermauert werden.

Die Hypothese findet Unterstützung in den oben beschriebenen deutlich erkennbaren Tendenzen der „Zero Tolerance" Politik. Diese Politik sorgt dafür, dass die Polizei in Form der ZIS in Sachen Fanverhalten und Prävention mehr und mehr die Stellen der Mitarbeiter der Fußball-Fanprojekte einnimmt.[109] Denn die „Zero Tolerance" Politik ist der Sozialarbeit der Fanprojekte entgegengesetzt. Unter der Grundannahme, dass rechtsextreme Gewalt und Gewalt allgemein „gesellschaftlicher Verursachung" unterliegt, ergibt sich der „(...) Ansatz, dass wesentlich für die Jugendarbeit *nicht die Probleme sind, die (rechtsextreme) Jugendliche machen, sondern jene, die sie offensichtlich haben.* Dabei steht nicht die ‚Bekämpfung' bzw. ‚Zurückdrängung' rechtsextremer Orientierungen und/oder Gewaltbereitschaften im Mittelpunkt, sondern die Unterstützung der Jugendlichen bei ihrer konkreten Lebensbewältigung. [...] Grobziel ist die Schaffung von Situationen und Möglichkeiten, in denen die Jugendlichen die Chance haben, sich gerade dort einzubringen und erfolgreich zu handeln, wo es ihnen akut verwehrt ist bzw. erscheint – dies ist ja gerade [analog zu Heitmeyer], der Grund für sie, zur Gewalt als ‚wesentlichem Mittel' zu greifen.[110]

Die Politik behandelt den Hooligan, indem sie ihn kriminalisiert, als Problem, und nicht die gesellschaftlichen Bedingungen. Diese Erklärung des Hooligans zum „Staatsfeind" stärkt, wie der Fanbetreuer Jürgen Scheidle beschreibt, das Gruppengefühl der Hooligans sowie Legitimierungsprozesse von Gewalt. Somit treten Hooligans geschlossener und wehrhaft auf.[111]

Darauf hinzuweisen ist, dass durch diese Umpositionierung zwangsläufig eine Umleitung der Austragung des dem Hooligan inhärenten Gewaltpotentials erfolgt. Diese äußert sich im Kampf mit der Polizei. Durch Stadionverbote, eine restriktive Eintrittskartenpolitik, sowie der Einführung moderner Sicherheitstechnologien in den Stadien und diesbezüglich architektonischer Ausrichtung, wird die Austragung von Gewalt zudem mehr und mehr abseits der Spiele verlagert. Dies impliziert eine Entfernung der Hooligans von der Erreichbarkeit der Sozialarbeiter, wie der Fanbetreuer Jürgen Scheidle feststellt.[112] Durch die Repressions- und Kommerzialisierungsmaßnahmen im Fußballumfeld

---

[109] vgl. Scheidle, Jürgen: Sozialarbeit zwischen Gewalt und Repression. In: Das zerbrochene Fenster. S. 23.
[110] Buderus, Andreas: Glatzenpflege auf Staatskosten?! Über Möglichkeiten und Grenzen sozialpädagogischer Interventionen im Prozeß der Rebarbarisierung des deutschen Alltags. In: Das zerbrochene Fenster. S. 80.
[111] Scheidle, Jürgen: Sozialarbeit zwischen Jugendgewalt und Repression. In: Das zerbrochene Fenster. S. 31.
[112] ebd. S. 31.

wird den Hooligans der Platz, an dem sie als Fans soziale Integration finden, genommen. So schuf die strenge und geringe Ausgabe von Eintrittskarten auf der WM `98 auf den Straßen von Lens ein höchst gespanntes Klima, da sich viele Hooligans und andere Fußballfans nicht in ihrem gewünschten sozialen Raum versammeln konnten. Die Beschreibung des „Gelredome" in Arnheim durch den Sozialwissenschaftler Gerd Dembowski soll außerdem den Verlust der „identitätsstiftenden Funktion" des Fußballsports veranschaulichen:

„Der ‚Gelredome' ist wie ein Ufo auf dem Arnheimer Asphalt gelandet, erinnert in seiner
Konzeption aber eher an eine mittelalterliche Burg – und physiognomisch an ein
stimmungstötendes Hallenbad. Die Festung ist umgeben von breiten Wassergräben und nur
über eine einzige, fußweglose Zugfahrt zu erreichen. Die moderne Zugbrücke ermöglicht
totale Kontrolle über die nur mit gültigen Eintrittskarten zu erreichende Bannmeile. (...)
Drinnen erwartet die Fans 90 Minuten Big Brother wider Willen, mit modernsten Kameras,
neonbehemdeten Stewards, eigener Stadionwährung und beweglichen Zwischenwänden. (...)
Natürlich ist der ‚Gelredome' eine reine Sitzplatzarena (..). Die Nummerierung der Plätze
und Überwachungsvorteile seien [laut Karel Vertongen, Vizepräsident der Uefa-
Stadionkommission],ausschlaggebend, um hinterher Täter zur Rechenschaft zu ziehen'.
UEFA und FIFA schreiben deshalb seit 1998 ausschließlich Sitzplätze für internationale
Begegnungen vor und bedrohen somit den Stehplatz als traditionellen Ausgangspunkt der
bewegungsorientierten Fan- und Verabredungskultur – anstatt Stehplätze sicherer zu
gestalten. "[113]

Die Handlungsausrichtung an die „Theorie des zerbrochenen Fensters", präventiv alle Fußballfans als potenzielle Störenfriede zu behandeln, schafft somit Räume, die als Beispiel für Fanunfreundlichkeit stehen. Die Zweipoligkeit der Handlungsmuster zwischen deutscher inklusive internationaler Politik und der Sozialarbeit von Fan-Projekten erklärt nach Jürgen Scheidle, warum „(...) es nach ‚Lens' keinem Fan-Projekt wirtschaftlich oder personell besser geht. (...) Besonders in den neuen Bundesländern sind die Rahmenbedingungen für die sozialpädagogischen Fan-Projekte und deren Mitarbeiter katastrophal."[114] Ebenso wie die finanziellen Mittel werden auch die Engagementmöglichkeiten der Fan-Projekte reduziert. So wurden die 8 EM-reisenden Projektler auf eine Beobachterrolle reduziert, nachdem ihr für die EM ausgearbeitetes Präventionskonzept abgelehnt wurde.[115] Die Möglichkeit der Politisierung der Frage, was einen Hooligan eigentlich veranlasst, Gewalt anzuwenden, wird somit ausgegrenzt. Die Frage, wie öffentliche Gewaltausschreitungen von

[113] Dembowski, Gerd: Knüppel statt Kultur, Kommerz statt Karten - Von der repressiven Duftmarke einer Fußball-Europameisterschaft. In: Das zerbrochene Fenster. S. 75.
vgl. zur neuen Architektur der Fußballstadien auch:
http://www.szarchiv.diz-muenchen.de/REGIS_A10642389;international&action=hili.action&Parameter=Stadien%20des%20Zerfalls
[114] Scheidle, Jürgen: Sozialarbeit zwischen Jugendgewalt und Repression. In: Das zerbrochene Fenster. S. 33.
[115] Dembowski, Gerd: Knüppel statt Kultur, Kommerz statt Karten - Von der repressiven Duftmarke einer Fußball-Europameisterschaft. In: Das zerbrochene Fenster. S. 76.

Hooligans vermieden werden können, erhält Relevanz und eine eindeutige Antwort. Und diese Antwort lautet: Repression.

(9.)
Schlussfolgerung und Ausblick

Die Schlussfolgerung, die aus dem Heitmeyer´schen Ansatz zur Verminderung und Verhinderung von Gewalt und Fremdenfeindlichkeit gezogen werden kann, ist die langfristige Forderung nach einem Wandel der gesellschaftlichen Anerkennungsmuster bei gleichzeitiger Schaffung von „objektiven und subjektiven Facetten der Integration".

Was können Fanprojekte in Anbetracht dieser Schlussfolgerung leisten?

Fanprojekte müssen nach Gunter Pilz die Möglichkeiten bieten,

> „[...] aus der Vereinzelung, Begrenzung auf den eigenen Fan-Club und in der eigenen Stadt herauszukommen und sich einen größeren Kreis von Freunden, Gleichgesinnten in anderen Räumen schaffen und damit den eigenen Lebensraum erweitern. Die sozialpädagogischen Maßnahmen müssen dabei den jungen Menschen eindeutige Orientierungen liefern, ihnen helfen, ihre realen Lebensbedrohungen konstruktiv zu verarbeiten, ihnen Halt, Anerkennung, Zuneigung geben und vor allem ihre Bedürfnisse nach Abenteuer, Spannung, Risiko, nach `Action` aufgreifen [...]. "[116]

Des weiteren kann der aktive Sport als Ventil für Emotionen genutzt werden, mit dem Ziel, langfristig die Schlägereien zu ersetzen.

Gunter Pilz fordert parallel zur Rolle des Hooligans als Fußballfan „Angebote wie der Mitternachtssport, Fan-Turniere, Fußballfan-Liga im Sinne einer stärkeren Zusammenarbeit mit den Vereinen [...]."[117] Die Fan-Projekte als stetig angebotsorientierte Projekte, welche konkret Lebensperspektivenangebote, Konfliktlösungsangebote, Freizeitgestaltungsangebote und emotionale Angebote bieten, zu realisieren, erfordert eine Erweiterung der finanziellen sowie personalen Bedingungen, um in diesem Rahmen Prävention betreiben zu können.

Mit dieser Forderung nach der Stärkung der Fan-Projekte, ist die Forderung nach dem Umdenken in der Politik hinsichtlich des Umgangs mit Hooligans, verknüpft.

Die Realisierungsmöglichkeiten und Maßnahmenerfordernisse zu erörtern, bezogen auf die Umpositionierung von Fan-Projekten als „Sozialfeuerwehr" innerhalb einer „Zero – Toleranz - Politik", zu einflussreichen sozialpädagogischen Institutionen innerhalb einer Politik, die Gewalt und Fremdenfeindlichkeit als gesellschaftliche Probleme erkennt, und ihre Handlungen integrativ statt desintegrativ ausrichtet, muss in diesem Rahmen Fragestellung einer anderen Arbeit werden.

---

[116] http://www.erz.uni-hannover.de/ifsw/daten/lit/pil_fan.pdf
[117] ebd.

(10.)
Literaturverzeichnis

(10.1.)
Literatur aus dem Internet

Berliner Zeitung

1) http://www.berlinonline.de/sport/topnews.html/dpa bdt-230501-311-dpa 630882.html

   Berliner Zeitung am 23/05/2001: Fünf Jahre Haft im Nivel - Prozeß - Täter möglicherweise bald frei. [Recherche: 23/05/01]

2) http://www.berlinonline.de/suche/.bin/mark.cgi/aktuelles/aktueller ticker/vermischtes/.html

   Berliner Zeitung am 21/05/2001: Nebenkläger fordern lange Strafen für „Lügner" Warnecke – Urteil gegen 30-jährigen Deutschen für Dienstag erwartet. [Recherche: 22/05/01]

3) http://www.berlinonline.de/sport/.html/dpa_bdt-090501-202-dpa_587392.html

   Berliner Zeitung am 09/05/2001: Prozess gegen deutschen Hooligan hat begonnen. [Recherche: 22/05/01]

Bild Zeitung

4) http://www.bild.de/service/specials/1998/hooligan/inhalt.html

   Bild-Linksammlung : Die Hooligan-Schande von Lens. [Recherche: 18/05/01]

5) http://www.bild.de/service/archiv/1998/jun/23/sport/wm23/wm23.html

   Bild am 23/06/1998 : DFB-Präsident Egidius Braun :   „Diese WM kann mir keine Freude mehr machen.". [Recherche: 18/05/01]

6) http://www.bild.de/service/archiv/1998/jun/24/aktuell/hool/hool24.html

   Bild am 24/06/1998 : Familienvater (29) : „Warum ich ein Hooligan bin". [Recherche: 20/05/01]

7) http://www.bild.de/service/archiv/1998/jun/24/aktuell/kanth24/kanth24.html

   Bild am 24/06/1998: Kanther: „Diese Typen schnell bestrafen". [Recherche:18/05/01]

Bundestag, Bundesrat, Bundesgerichtshof, Land Brandenburg, Land Düsseldorf

8) http://dip.bundestag.de/btd/14/027/1402726.pdf

   DIP - Deutscher Bundestag : Der Gesetzentwurf 14/2726. [Recherche: 28/05/01]

9) http://dip.bundestag.de/extrakt/14/019/14019312.htm

   DIP - Deutscher Bundestag : Vorgang. Gesetz zur Änderung des Pass- und Personalausweisrechts. [Recherche: 28/05/01]

10) http://www.bundestag.de/aktuell/hib/2000/0018404.html

   Heute im Bundestag am 10/07/2000: 7. 000 gewaltbereite Fußball-„Fans" im Umfeld der Bundesliga (Antwort). [Recherche: 20/05/01]

11) http://www.bundestag.de/aktuell/bp/1998/bp9802/9802081.html

   Blickpunkt Bundestag am 02/07/1998 : Brauchen wir neue Konzepte gegen die Kriminalität? [Recherche: 20/05/01]

12) http://www.bundestag.de/aktuell/bp/2000/bp0004/0004026a.html

Blickpunkt Bundestag am 04/04/2000 : Hooligans die rote Karte zeigen.

[Recherche : 20/05/01]

13) http://www.brandenburg.de/land/mbjs/sport/53smk-19.htm

Ministerium für Bildung, Jugend und Sport des Landes Brandenburg. Nationales Konzept Sport und Sicherheit – Finanzierung. [Recherche: 04/06/01]

14) http://www.courthouse.de/Prssmtlg00/PMBGH2000/PMBGH59-00.htm

Pressemitteilung des Bundesgerichtshofs am 15/08/2000 Nr. 59/2000: Urteil im Fall Nivel gegen Hooligans rechtskräftig. [Recherche: 18/05/01]

15) http://www.im.nrw.de/pm2000/news_35.8.htm

Innenministerium - NRW am 18/01/2000: Behrens: Weniger junge Männer bei Hooligans – Erfolg von Fanprojekten. [Recherche: 04/06/01]

16) http://www.nrw.de/aktuell/reden/mskr20000225b.htm

Pressezentrum Landtag am 25/02/2000: Rede von Innenminister Dr. Fritz Behrens zum Thema   „Passrecht" am 25/02/2000, Bundesratssitzung, Bundeshaus, Bonn.

[Recherche: 20/05/01]

17) http://www.nrw.de/aktuell/reden/mskr20000606_1.htm

Pressezentrum Landtag am 06/06/2000: Maßnahmen gegen gewalttätige Hooligans im Vorfeld der Fußballeuropameisterschaft 2000 im Belgien und den Niederlanden. Rede des Vorsitzenden der Innenministerkonferenz Dr. Fritz Behrens anlässlich der Pressekonferenz. [Recherche: 20/05/01]

Diverse Zeitschriften/Zeitungsartikel

18) http://www.abendblatt.de/contents/ha/news/lokales/html/240698/00924AUF3.HTM

Hamburger Abendblatt am 24/06/1998 : Hamburger Hooligan Warnung.

[Recherche: 22/05/01]

19) http://www.abendblatt.de/contents/ha/news/sport/html/170800/2517RECK2.HTM

Hamburger Abendblatt am 17/08/2000: Rechte Gewalt: Was Profis tun können.

[Recherche: 05/06/01]

20) http://www.dir-info.de/nachrichten/infolinks/00/03/000327ee815c31.htm

dir-info-Nachdruck : Frankfurter Rundschau am 27/03/2000 : Hooligans in Sorge um Bürgerrechte. [Recherche: 21/05/01]

21) http://www.dir-info.de/nachrichten/infolinks/00/05/000531f26f19ef.htm

dir-info-Nachdruck : taz Berlin am 31/05/2000 : Reisefreiheit eingeschränkt.

[Recherche: 21/05/01]

http://www.dir-info.de/nachrichten/infolinks/99/09/990921245bae97.htm

dir-info-Nachdruck: Berliner Zeitung vom 21/09/1999: Hooligans müssen Geldstrafe für Hitlergruß zahlen. [Recherche: 21/05/01]

22) http://www.jungle-world.com/_2000/28/04a.htm

Jungle-world am 05/07/2000 : Interview mit Gabriel, Michael : „ Hass spielt keine Rolle".

[Recherche: 29/05/01]

23) http://www.spiegel.de/panorama/0,1518,133001,00.html

Spiegel am 10/05/2001 : Hooligan-Prozeß: Reue, aber kein Geständnis.

[Recherche : 22/05/2001]

24) http://www.sueddeutsche.de/ausland/weltspiegel/10948

Süddeutsche Zeitung am 22/05/2001: Nivel-Prozeß. Fünf Jahre Haft für deutschen Hooligan.

[Recherche : 22/05/01]

25) http://www.szarchiv.diz-
muenchen.de/REGIS_A10642389;international&action=hili.action&Parameter=Stadien des
Zerfalls

Süddeutsche Zeitung am 16/06/2000: Stadien des Zerfalls. [RECHERCHE: 21/05/01]

26) http://www.tagesschau.de/archiv/1999/11/09/aktuell/meldungen/nivel.html

Tagesschau-Meldung am 09/11/1999 : Urteil : Zehn Jahre Haft für Hooligan.

[Recherche:18/05/01]

27) http://www.welt.de/daten/2000/01/27/0127de149018.htx

Die Welt am 27/07/2000: Schily will Fußball-Rowdys Pässe wegnehmen.

[Recherche: 20/05/01]

28) http://www.welt.de/daten/2000/05/25/0525sp170071.htx

Die Welt am 25/05/2000: Das Beste hoffen, das Schlimmste annehmen.

[Recherche: 14/06/2001]

29) http://www.welt.de/daten/2000/06/07/0607h1172500.htx

Die Welt am 07/06/2000: Hamburger Polizei macht Hausbesuche bei Hooligans.

[Recherche: 14/06/2001]

30) http://www.zeit.de/2000/35/Politik/200035_wilhelm.html

Die Zeit. Ausgabe 35/2000: „Der Staat will nichts wissen". Zeitgespräch mit Wilhelm
Heitmeyer. [Recherche: 22/05/01]

Juristik

31) http://jurcom5.juris.de/bundesrecht/pa_g_1986/gesamt.pdf

Ein Service der juris GmbH : Das Paßgesetz der BRD [Recherche : 20/05/01]

32) http://www.dr-fehn-net.de/Ausreiseuntersagung.htm

Fehn, Karsten : Ausreiseuntersagung zur Abwehr von „Gefahren für erhebliche Belange der
Bundesrepublik Deutschland" im Zusammenhang mit internationalen Sportereignissen. In:
Polizei & Wissenschaft. Ausgabe 1/2000. [Recherche: 21/05/01]

Polizei

33) http://www.lka.nrw.de/aktuell/zis.htm

LKA-NRW-Bericht-Sporteinsätze. [Recherche: 20/05/01]

34) http://www.brandenburg.de/land/mi/polizei/info110/5_96/heitmeye.htm

info 110-Nachdruck : Wochenpost am 01/08/1996 : Interview mit Wilhelm Heitmeyer. „Gewalt ist sehr attraktiv". [Recherche: 21/05/01]

35) http://www.polizei.nrw.de/bochum/bo/suche/oben.htm

Polizeipräsidium Bochum: Szenekundige Beamte. [Recherche: 08/06/01]

Sena-Archiv

36) http://www. sena.de/Sena-Archiv/juni_00/juni0_1/juni0_2/juni0_3/juni0_4/body_juni0_18-8.html

dpa am 18/96/1999: 1000 Festnahmen: Brüssel und Charleroi im Ausnahmezustand - England schämt sich - EM-Chef kritisiert London - UEFA Sondersitzung. [Recherche: 29/05/01]

37) http://www. sena.de/Sena-Archiv/juni_00/juni0_1/juni0_2/juni0_3/juni0_4/body_juni0_6_4.html

dpa am 04/06/2000: Maßnahmen gegen Hooligans angelaufen – Hausbesuche, Melde-Pflichten, Ausreiseverbote-1500 Bundesgrenzschutzbeamte begannen Kontrollen.
[Recherche: 29/05/01]

Weiteres

38) http://np1.niedersachsen.com/NP/POLI/story25514.html

Neue Presse im Jahr 1999 : Haftstrafen für Hooligans. [Recherche : 19/05/01]

39) http://www.acab.de

EM-2000-T-Shirts mit aufgedrucktem rechtem Gesinnungsgut . [Recherche: 02/06/01]

40) http://www.brandenburg.de/land/mi/presse/pm00/pm00089.htm

Pressemitteilung des Innenministeriums am 21/06/2000 : Fußball-Europameisterschaft. Maßnahmen gegen brandenburgische Hooligans zeigen Wirkung. [Recherche: 20/05/01]

41) http://www.chaostage.de/b2000/news/artikel/20000621_170641_nocomtron/indexophp4

Chaos-Tage am 21/06/2000: DFB & Polizei: Ohnmächtig angesichts Erster, Zweiter und Dritter Halbzeit. [Recherche: 11/06/01]

42) http://www.dsj.de

DSL-Deutsche Sportjugend: Koordination Fanprojekte. Die KOS. Vorgeschichte. Nationales Konzept Sport und Sicherheit. Aufgaben. Veröffentlichungen. Fan-Projekte (Adressen).
[Recherche: 04/06/01]

43) http://www.dsj.de/eigene/fanpro00.zip

KOS (Hg.): Fan-Projekte 2000. Zum Stand der sozialen Arbeit mit Fußball-Fans. Sachbericht zum Stand der sozialen Arbeit mit Fußball-Fans. Sachbericht zum Stand der Arbeit (1993-1999). Frankfurt am Main 1999. [Recherche: 04/06/01]

44) http://www.erz.uni-hannover.de/ifsw/daten/lit/pil_deu.pdf

Pilz, Gunter: „Deutschland den Deutschen" - Gedanken und Fakten zu Fremdenfeindlichkeit und Rassismus in der Fußballfanszene. [Recherche: 02/06/01]

45) http://www.erz.uni-hannover.de/ifsw/daten/lit/pil_fan.pdf

Pilz, Gunter: Was leisten Fanprojekte. [Recherche: 02/06/01]

46) http://www.freierschreiber.de/nhproben29.htm

Lischka, Konrad am 09/06/1999: Niederknüppeln und ausrotten. [Recherche: 19/05/01]

47) http://www.ig.cs.tu-berlin.de/~dsb/prima/0698/24.htm

Prima-Privacy-Magazine am 21/06/1998 : Mehr als 2100 Hooligans in Datenbank gespeichert. [Recherche: 21/05/01]

48) http://www.mdr.de/brisant/themen/index_thema855.html

Brisant-Sendung am 30/04/1999 : Hooligans vor Gericht. [Recherche: 18/05/01]

49) http://www.parlament_berlin.de/wgr/andere/hools.html

Parlament-Berlin: Hooligans und Neonazis. [Recherche: 05/06/01]

50) http://www.stadionwelt.de/Fussball_Fans/Fanszene/fanszene.html

Stadionwelt: Aktionen von Fans/Vereinen gegen Fremdenfeindlichkeit und Rassismus. [Recherche: 11/06/01]

51) http://www.zdf.de/events/sport/em-quali/36281/index.html

ZDF-Sport am 15/06/2000 : EM Sicherheitsvorkehrungen. Gefängnis für 1000 Hooligans. [Recherche:18/05/01]

(10.2.)
Literatur außerhalb des Internets

52) Anhut, Reimund/Heitmeyer, Wilhelm (Hg.): Bedrohte Stadtgesellschaft. Soziale Desintegrationsprozesse und ethnisch-kulturelle Konfliktkonstellationen. Weinheim und München 2000.

53) Buderus, Andreas/Dembowski, Gerd/Scheidle, Jürgen (Hg.): Das zerbrochene Fenster. Hools und Nazi-Skins zwischen Gewalt, Repression,Konsumterror und Sozialfeuerwehr. Bonn 2001.

54) Die Welt am 05/06/2001: Mit Schuhcreme gegen rassistische Fußballfans. S. 7.

55) Farin, Klaus/Hauswald, Harald: Die dritte Halbzeit. Fußballfans und Hooligans. Berlin 1993.

56) Gehrmann, T. Jayin/Schneider, Thomas: Fußballrandale. Hooligans in Deutschland.

3.   erweiterte Auflage. Essen 1998.

57) Horak, Roman (Hg.): Ein Spiel dauert länger als 90 Minuten. Hamburg 1988.